www.ingramcontent.com/pod-product-compliance
Lightning Source LLC
Chambersburg PA
CBHW072221170526
45158CB00002BA/689
* 9 7 8 1 0 8 1 5 2 6 1 9 1 *